INSTRUCTION PUBLIQUE.

FACULTÉ DE DROIT DE STRASBOURG.

ACTE PUBLIC
SUR LE DÉPÔT :

*Soutenu à la Faculté de Droit de Strasbourg, le Vendredi
28 Août 1818, à quatre heures de relevée,*

POUR OBTENIR LE GRADE DE LICENCIÉ EN DROIT,

PAR

EUGÈNE GRAVELOTTE,

BACHELIER ÈS LETTRES ET EN DROIT,

NÉ A COLMAR (DÉPARTEMENT DU HAUT-RHIN).

STRASBOURG,

De l'imprimerie de LEVRAULT, impr. de la Faculté de Droit.

1818.

M. Hermann, Chevalier de l'Ordre royal de la Légion d'Honneur,
Doyen de la Faculté de Droit.

EXAMINATEURS:

MM. Arnold,
    Hermann,   } Professeurs.
    Thieriet de Luyton,   }
    Kern, ... Suppléant.

*La Faculté n'entend approuver ni désapprouver les opinions
particulières au Candidat.*

DU DÉPÔT.

DÉFINITION.

Le dépôt est un contrat par lequel une personne donne une chose à garder à une autre qui s'en charge gratuitement et s'oblige de la rendre à la volonté du déposant.

Ce contrat est très-ancien; il est nécessairement né des premiers besoins de l'homme. Dans tous les temps il est arrivé que plusieurs personnes se sont trouvées dans de telles circonstances qu'elles ne pouvoient garder elles-mêmes les choses qui leur appartenoient. Il a bien alors fallu pourvoir à leur sûreté, en les remettant entre les mains de quelqu'un de fidèle qui se chargeât de les garder et de les rendre. Cette convention est du Droit des gens; elle est en usage chez tous les peuples. Elle est entièrement régie par les principes de l'équité et de la bonne foi. Aussi les décisions de nos lois sont conformes à celles des lois romaines, puisées dans les mêmes sources.

Le contrat de dépôt est rangé dans la classe des contrats réels, synallagmatiques imparfaits, et de bienfaisance.

Réel. Il n'est parfait que par la tradition de la chose. Cette tradition peut être réelle ou feinte (art. 1919). Cet article n'admet que l'espèce de tradition feinte appelée par les docteurs *tradition de brève main.*

Synallagmatique imparfait. Il produit deux actions, mais dont l'une seule est principale et essentielle au contrat.

De bienfaisance. Il n'a pour but que l'utilité de l'une des parties.

Les Romains le rangeoient encore parmi les contrats de bonne foi. Quoique cette distinction ne soit plus admise dans nos lois, il est cependant difficile de ne pas reconnoître dans le dépôt quelque chose qui place la bonne foi inhérente à ce contrat dans des limites plus étroites que celles qui lui sont assignées dans d'autres contrats. Chez toutes les nations la foi du dépôt a toujours été sacrée; partout le dépositaire infidèle a été voué à l'infamie. Commettre un crime aussi odieux, c'est fouler aux pieds les lois les plus sacrées de l'amitié, les plus indispensables devoirs de l'humanité.

Le dépôt ne peut avoir pour objet que des choses corporelles et mobilières (art. 1918). Cet article a décidé la question, autrefois agitée parmi les docteurs, de savoir si les immeubles pouvoient être ou non l'objet de ce contrat. Aucune loi romaine ne permettoit ni ne défendoit expressément le dépôt des immeubles.

La garde de la chose est surtout de l'essence du dépôt : il faut que cette garde soit la principale fin du contrat. Toutes les fois qu'il a pour but principal toute autre chose que la garde, ce n'est pas un dépôt, lors même que la garde se trouveroit au nombre des obligations imposées à celui auquel une chose est remise. *Uniuscujusque contractus initium spectandum et causam.* (L. 8, *ff. Mandat.*)

Le dépôt est encore essentiellement gratuit (art. 1917). En effet, dès qu'un salaire est stipulé pour la garde d'une chose, le contrat qui en résulte n'est plus un contrat de bienfaisance, il ne renferme plus un office d'ami; ce n'est plus par conséquent un dépôt, mais bien un contrat onéreux de part et d'autre, un louage dans lequel le gardien loue ses soins pour un prix convenu. (L. 1, §. 8, *ff. Depositi.*)

Les présens que le dépositaire recevroit du déposant, en reconnoissance du bon office qu'il lui rend en se chargeant de la chose, n'altèrent point la nature du contrat; il suffit que le dépositaire ne les ait point exigés (POTHIER, n.° 13).

3

Enfin, un dernier caractère de ce contrat est la restitution en nature de la chose déposée elle-même. Nous ne connoissons point dans notre droit le dépôt irrégulier des Romains (*L.* 31 , *ff. Locati conducti*).

Ce contrat, par lequel le dépositaire devenoit propriétaire de la chose déposée, a beaucoup moins d'analogie avec le dépôt qu'avec le prêt de consommation, dont il diffère encore à plusieurs égards.

Le dépôt proprement dit est, comme le séquestre, un contrat réel par lequel on s'oblige à garder et à rendre une chose ; mais celui-ci en diffère :

Par son essence, en ce qu'il admet un salaire, et qu'il s'applique aux immeubles comme aux meubles ;

Par sa nature, en ce qu'il n'a pour objet que des choses litigieuses, et en ce qu'il ne peut être fait par moins de deux personnes.

Le dépôt proprement dit est, ou volontaire, ou nécessaire.

CHAPITRE Ier

Du dépôt volontaire.

Le dépôt volontaire est celui dans lequel le choix du dépositaire dépend uniquement de la volonté pure et simple du déposant.

La définition donnée par l'article 1921 ne caractérise pas le dépôt volontaire ; car le consentement réciproque du déposant et du dépositaire intervient aussi dans le dépôt nécessaire. Ce n'est point la nécessité seule de déposer une chose qui constitue le dépôt nécessaire, mais bien celle de la déposer entre les mains de telle ou telle personne plutôt que de telle ou telle autre.

Ce dépot ne peut avoir lieu qu'entre personnes capables de contracter (art. 1925). Le dépot est un contrat. Si l'un des contractans est incapable, il faut distinguer si c'est le déposant ou le dépositaire.

Si c'est le déposant, le dépositaire n'en est pas moins tenu de

toutes les obligations inhérentes au dépôt (art. 1925). Cela résul-
toit déjà de l'art. 1125. Mais ne sera-t-il tenu que de ces obligations?
Non; ce n'est point un vrai contrat de dépôt qui est intervenu,
mais bien un quasi-contrat de gestion d'affaires. Ainsi il sera tenu
d'apporter à la garde de la chose déposée tous les soins d'un bon
père de famille (art. 1374). Il ne pourra non plus se décharger du
dépôt qu'entre les mains de celui qui a l'administration des droits
et des biens du déposant, et pourra être poursuivi par lui, pour qu'il
ait à remplir les obligations qu'il a contractées (art. 1925).

Si c'est, au contraire, le dépositaire qui est incapable, celui qui
a fait le dépôt n'a que l'action en révendication de la chose déposée,
tant qu'elle est entre les mains du dépositaire, ou une action en
restitution jusqu'à concurrence de ce qui a tourné au profit de ce
dernier. (Art. 1926; *L.* 1, §. 15, *ff. Deposit.*)

Cette action ne dérive pas du contrat de dépôt, qui est nul par
le défaut de capacité de l'une des parties; mais bien de la règle
d'équité, qui ne veut pas que personne s'enrichisse aux dépens d'un
autre.

Si, cependant, il y avoit abus de confiance de la part du dépositaire, et qu'il fût ce que l'on appelle *capax doli*, il seroit con-
damné aux peines portées par l'art. 408 du Code pénal. Dans ce
cas il y a délit, et les personnes restituables contre léurs obligations civiles ne le sont pas contre celles qui résultent de leurs dé-
lits. (*L.* 1, §. 15, *ff. Dep. vel contrà.*)

Le dépôt est soumis à la règle générale qui n'admet la preuve
testimoniale que des seules obligations dont l'objet n'excède pas
la somme ou la valeur de 150 fr.

Obligations du dépositaire.

En acceptant un dépôt, on contracte deux obligations principa-
les : la première, de garder avec fidélité la chose déposée; la
deuxième, de la rendre au déposant lorsqu'il la redemandera.

Le dépositaire doit apporter dans la garde de la chose déposée les mêmes soins qu'il apporte dans la garde de celles qui lui appartiennent (art. 1927).

Il ne pourroit en apporter moins sans manquer essentiellement à la fidélité qu'il a promise au déposant (*L.* 32, *ff. Depositi*). L'on ne pourroit, d'un autre côté, en exiger davantage. La faute légère n'est pas incompatible avec la fidélité; et celui pour le seul intérêt duquel s'est fait le contrat, peut-il raisonnablement exiger du dépositaire autre chose que la fidélité à garder le dépôt? S'il a choisi un dépositaire négligent, ne se le doit-il pas imputer à lui-même? *Qui negligenti amico rem custodiendam tradit, non ei, sed suæ facilitati id imputare debet.* (§. 3, *Inst. Quibus modis re contrahitur. obligatio.*)

La disposition de l'article 1727 doit être appliquée avec plus de rigueur dans les quatre cas suivans (art. 1928) :

1.º *Si le dépositaire s'est offert lui-même pour recevoir le dépôt.* C'est pour ainsi dire une préférence qu'il a demandée; il est censé avoir promis d'être plus soigneux que tout autre dépositaire que l'on auroit pu choisir. (*L.* 1 , §. 35, *ff. Depositi.*)

2.º *S'il a été stipulé un salaire pour la garde du dépôt.* Parce que ce n'est point alors un contrat de dépôt, mais bien un louage de services, dans lequel celui qui a loué ses soins doit, suivant la règle commune aux obligations contractées dans l'intérêt des deux parties, *in quibus utriusque utilitas vertitur*, être tenu de la faute légère. (*L.* 5, §. 2, *ff. Commodati vel contra.*)

3.º *Si le dépôt a été fait pour l'intérêt seul du dépositaire :* il doit alors être tenu de sa faute, même la plus légère (*L.* 4, *ff. de rebus creditis*) : c'est alors à son égard seulement que le dépôt est un contrat de bienfaisance.

4.º S'il a été convenu expressément que le dépositaire répondroit de toute espèce de faute : *Contractus enim legem ex conventione accipiunt.* (*L.* 1, §. 6, *ff. Dep.*)

On ne peut stipuler que le dépositaire ne sera pas tenu de son dol; cette convention seroit contraire aux bonnes mœurs. (*L.* 1, §. 7, *ff. Dep.*) Cependant les lois romaines admettoient la convention par laquelle le déposant s'interdisoit la faculté d'intenter l'action du dépôt contre le dépositaire (*L.* 7, §. 15, *ff. de pactis*). Cette convention peut avoir au fond le même effet que la première; mais c'est le cas d'appliquer la règle : *sœpe expressa nocent, non expressa non nocent* (*L.* 195, *ff. De reg. juris*).

Le dépositaire n'est tenu en aucun cas des accidens de force majeure, à moins qu'il n'ait été mis en demeure, de restituer la chose déposée (art. 1929); mais toujours avec la restriction apportée par l'article 1302 (*L.* 14, §. 1, *ff. Depositi*). La fidélité que le dépositaire doit à la garde du dépôt, lui défend de s'en servir sans la permission expresse ou présumée du déposant (art. 1930).

Le dépositaire qui se sert des choses confiées à sa garde sans la permission au moins présumée du déposant, non-seulement viole la foi du dépôt, mais encore se rend coupable de vol (*L.* 3, *C. Depositi*) : car ce ne sont pas seulement les choses elles-mêmes, mais encore leur usage, ou même leur simple possession, qui peuvent être l'objet du vol (*L.* 1, §. 3, *ff. de furto*).

La question de savoir si la permission est ou non présumée, est remise à la décision du juge, qui consultera à cet égard, et les rapports d'amitié qui pouvoient exister entre les contractans, et la nature des objets déposés.

Ce seroit encore violer la foi du dépôt que de chercher à connoître quelles sont les choses confiées, si elles ont été données dans un coffre fermé ou sous une enveloppe cachetée (art. 1930).

Le second chef de l'obligation que contracte le dépositaire, est la restitution du dépôt.

Il doit rendre identiquement la chose même qu'il a reçue (art. 1932). Ainsi le dépôt des sommes monnoyées doit être rendu dans les mêmes espèces qu'il a été fait, soit dans le cas d'augmentation, soit dans celui de diminution de leur valeur. Le déposant est resté propriétaire : *res domino perit.*

Si l'héritier du dépositaire a vendu de bonne foi la chose dont il ignoroit le dépôt, il n'est tenu que de rendre le prix qu'il a reçu, ou de céder son action contre l'acheteur, s'il n'a pas touché le prix. (Art. 1935 ; *L.* 1 , §. 47 , *ff. Dep.; L.* 2, *eod.*)

Il ne peut pas y avoir lieu à l'action du dépôt contre lui, puisqu'il en a perdu la possession sans mauvaise foi de sa part.

De même, si la chose a été enlevée par force majeure, et que le dépositaire ait reçu un prix ou quelque chose à la place, il doit restituer ce qu'il a reçu en échange (art. 1934).

Non-seulement il doit restituer la chose déposée elle-même, mais encore les fruits qu'elle a produits et qui ont été perçus par lui (art. 1936; *L.* 1, §. 24, *ff. Dep.*).

Le dépositaire, tant qu'il n'a pas été mis en demeure de rendre le dépôt, n'est tenu que des fruits qu'il a perçus; il n'est tenu de ceux qu'il auroit pu percevoir, et qu'il n'a pas perçus, que du moment qu'il a été constitué en demeure (POTHIER, n.° 46, Contrat de dépôt).

Il ne doit aucun intérêt de l'argent déposé, si ce n'est du jour de la demeure. (*Usuræ in depositi actione sicut in cæteris bonæ fidei actionibus ex more venire solent, L.* 2, *C. Dep.*)

Mais il ne doit rendre le dépôt que dans l'état où il se trouve au moment de la restitution, à moins qu'il n'eût été détérioré par son dol ou par quelque faute du genre de celles dont il est tenu (art. 1933).

Le dépositaire ne doit restituer la chose déposée qu'à celui qui la lui a confiée, ou à celui au nom duquel le dépôt a été fait, ou à celui qui a été indiqué pour le recevoir (art. 1937). Cependant il peut arriver que dans l'intervalle celui auquel le dépôt devoit être restitué, soit mort ou ait changé d'état.

Dans le premier cas, le dépôt ne peut être rendu qu'à son héritier.

S'il y en a plusieurs, il doit être rendu à chacun pour sa part et portion : si la chose déposée est indivisible, les héritiers doivent s'accorder entre eux pour la recevoir (art. 1939).

Si le déposant a éprouvé un changement d'état qui ait influé sur sa capacité, le dépôt ne peut être restitué qu'à celui qui a l'administration de sa personne et de ses biens (art. 1940); et réciproquement, si le dépôt a été fait par un mari, tuteur ou autre administrateur dans l'une de ces qualités, et que leur gestion ou administration soit terminée, il ne peut être restitué qu'à la personne qu'ils représentoient (art. 1941).

Régulièrement le dépôt ne peut être fait que par le propriétaire, ou de son consentement exprès ou tacite (art. 1922). Néanmoins le dépositaire ne peut se défendre de restituer le dépôt, en exigeant de celui qui l'a fait la preuve qu'il étoit propriétaire de la chose déposée. Seulement, s'il vient à découvrir qu'elle a été volée, et quel en est le vrai propriétaire, il doit lui dénoncer le dépôt, avec sommation de le réclamer dans un délai déterminé et suffisant (art. 1938).

En pareil cas, l'obligation que le dépositaire a contractée envers celui qui lui a remis le dépôt, doit céder à une autre obligation plus forte, que la loi naturelle impose au gardien, de rendre la chose à celui qui en a été injustement dépouillé. (*L.* 31, §. 1, *ff. Dep.*)

Si le propriétaire ne réclame pas, le dépositaire peut se libérer, en restituant le dépôt à celui de qui il l'a reçu (art. 1938). Il ne doit point être obligé d'apporter plus de soins aux affaires d'une personne, que celle-ci n'y en apporte elle-même.

L'article 1938 a également concilié les intérêts du propriétaire, en voulant qu'il fût averti, et ceux du dépositaire, en ne l'exposant pas à être poursuivi comme calomniateur; l'avertissement étant un acte non public, et de la rédaction duquel on est d'ailleurs toujours maître.

Si le contrat ne désigne pas le lieu de la restitution, elle doit être faite dans le lieu même du dépôt (art. 1943), c'est-à-dire, dans le lieu où la chose a été livrée pour la garder (art. 1247). Mais, si le dépositaire avoit eu de justes raisons de la transporter autre part, les frais de transport seroient à la charge du déposant. Les lois romaines décidoient que l'on ne devoit faire aucune attention au lieu où le dépôt avoit été fait, mais seulement à celui où il se trouvoit sans mauvaise foi du dépositaire. *Depositum eo loco restitui debet, in quo sine dolo malo ejus est apud quem depositum est; ubi vero depositum est, nihil interest.* (*L.* 12, §. 1, *ff. Dep.*)

Si le contrat désigne le lieu de la restitution, les frais de transport n'en sont pas moins dus au dépositaire. (*L.* 12, *ff. Dep.*)

Enfin, le dépôt doit être remis au déposant aussitôt qu'il le réclame, lors même que le contrat auroit fixé un délai déterminé. pour la restitution (art. 1944; *L.* 1, §§. 45, 46, *ff. Dep.*). Le délai n'est censé stipulé qu'en faveur du déposant. Quant au dépositaire, il ne peut intempestivement se décharger du dépôt, d'après la règle : *voluntatis est suscipere mandatum, necessitatis consummare.*

Toutes les obligations du dépositaire cessent, s'il vient à prouver qu'il est lui-même propriétaire de la chose déposée (art. 1946; *L.* 15, *ff. Dep.*), à moins que le dépositaire n'ait le droit de retenir la chose pardevers lui; si, par exemple, il avoit sur elle un droit d'usufruit, de gage.

Le dépositaire infidèle n'est point admis au bénéfice de cession (art. 1945); ce bénéfice n'est accordé qu'au débiteur malheureux et de bonne foi. L'idée d'infidélité exclut celle de bonne foi. Les lois romaines notoient d'infamie le dépositaire qui succomboit à l'action directe du dépôt. Le dépositaire ne peut opposer la prescription tant que la chose déposée existe et qu'il la détient, quelque laps de temps qui se soit écoulé depuis le contrat de dépôt; mais, s'il l'a perdue par l'effet d'une faute dont il est responsable, il n'est plus sujet qu'à une action en dommages-intérêts, qui, comme toutes les autres actions, est prescriptible par trente ans.

Des obligations du déposant.

Le déposant contracte envers le dépositaire l'obligation de lui rembourser les dépenses qu'il a faites pour la conservation de la chose déposée, et de l'indemniser de toutes les pertes que le dépôt peut lui avoir occasionées. (Art. 1947 ; *L. 23, ff. Depositi; L. 63, §. 5, ff. de furtis.*)

Le dépôt, n'étant fait que pour l'intérét du déposant, ne doit point être dommageable au dépositaire : *Suum officium nemini debet esse damnosum.* Le dépositaire ne seroit cependant fondé à prétendre aucune indemnité, si la perte avoit été précédée de quelque faute de sa part qui y eût donné lieu. (*L.* 61, *§.* 7, *ff. de furtis.*)

Le dépositaire peut retenir le dépôt jusqu'à l'entier paiement de ce qui lui est dû à raison du dépôt (art. 1948). C'est le seul cas où la loi accorde au dépositaire le bénéfice de retenir le dépôt, *quasi quodam pignoris nexu.* Il ne peut le retenir, d'ailleurs, sous aucun prétexte, quelque autre obligation que le déposant ait contractée envers lui; il ne peut lui opposer aucune compensation, même de liquide à liquide, même pour le fait d'un autre dépôt, tant est grande la faveur de ce contrat. (*L.* 11, *C. Dep.; L. ult. C. de compensationibus.*)

CHAPITRE II.

Du dépôt nécessaire.

Le dépôt nécessaire est celui dans lequel le choix du dépositaire ne dépend pas uniquement de la libre volonté du déposant. Nous en distinguons deux espèces : le dépôt nécessaire proprement dit, et le dépôt d'hôtellerie.

Le premier, appelé par les Romains dépôt misérable, *depositum miserabile,* parce qu'il suppose toujours quelque malheur, est celui qui a été forcé par quelque accident, tel qu'un incendie, une ruine, un pillage, un naufrage ou autre événement imprévu (art. 1949; *L.* 1, §. 3, *ff. Depositi*).

Ce dépôt est, comme le dépôt volontaire, un véritable contrat; il est régi par les mêmes règles (art. 1951), si ce n'est que la preuve testimoniale peut en être reçue, même quand il s'agit d'une valeur au-dessus de 150 fr., sauf au juge à prendre en considération la qualité des personnes et les circonstances du fait (art. 1348). Il n'est point au pouvoir du déposant de s'en procurer une preuve par écrit, étant obligé de confier à la hâte ses effets au premier venu, pour les sauver de l'incendie, du pillage, etc.

L'infidélité du dépositaire est encore plus odieuse et plus criminelle dans ce cas que dans celui du dépôt volontaire. Le malheur du déposant rend plus atroce la perfidie du dépositaire, et l'intérêt de la société exige que la loi sévisse d'une manière particulière contre l'homme assez vil pour méconnoître les devoirs les plus sacrés de l'humanité. Aussi les lois romaines, outre l'infamie dont elles notoient tout dépositaire infidèle, le condamnoient encore à la restitution du double de la valeur de la chose déposée (*L.* 1, §. 1, *ff. Depos.*). Nos lois, le jugeant avec raison indigne de tout ménagement, ont prononcé contre lui la contrainte par corps (art. 2059).

Le dépôt d'hôtellerie est celui des effets apportés dans une auberge par le voyageur qui y loge (art. 1952). Il diffère surtout du contrat de dépôt ordinaire, en ce qu'il n'est que l'accessoire d'un contrat intéressé de part et d'autre.

L'intérêt public exigeoit que les aubergistes fussent soumis à la plus grande responsabilité, rigueur qui d'ailleurs est peut-être la base la plus solide de leur prospérité. « C'est la confiance qu'ils « inspirent, dit l'orateur du tribunat, ou la bonne foi et la surveil-« lance à laquelle la loi les oblige, qui rend les voyages plus fa-« ciles, plus multipliés, et qui appelle les voyageurs chez eux. »

Ainsi ils sont responsables de la perte des effets du voyageur, de quelque manière qu'elle soit arrivée, à moins qu'ils n'aient été volés avec force armée ou autre force majeure. (Art. 1954; *L. 3*, §. 1, *ff. Nautæ caupones.*)

Ils en sont responsables, soit que le vol ait été fait ou que le dommage ait été commis par les domestiques ou préposés de l'hôtellerie, ou par des étrangers allant et venant dans l'hôtellerie. (*L. 2*, *ff. Nautæ caupones;* art. 1953.)

Il n'est pas nécessaire que la garde des effets ait été spécialement confiée à l'aubergiste; il suffit qu'ils aient été apportés dans l'auberge. (*L. 1*, §. 8, *ff. Nautæ.*)

L'on avoit, en Droit romain, deux actions contre les hôteliers; l'une *rei*, l'autre *pœnæ persecutoria*. Par la première on poursuivoit le maître non-seulement pour le fait de ses préposés, mais encore pour le fait des voyageurs. (*L. 1*, §. 8; *L. 2, ff. Nautæ caup.*) Par la deuxième il n'étoit poursuivi que pour le fait seul de ses préposés : c'étoit une action pénale *in duplum*. (*L. 7*, §. 1; *L. 6*, §. 3, *ff. Nautæ caupones. Princip.* §. 2, §. 3, *ff. furti adversus nautas.*)

Ce dépôt doit être regardé comme un dépôt nécessaire (art. 1952). Ainsi la preuve par témoins en sera admise, quelle que soit la valeur des objets déposés, mais toujours avec la restriction apportée par l'article 1348. Il eût été injuste d'assujettir les aubergistes, sans distinguer aucune circonstance, à la responsabilité de tout ce qu'un voyageur auroit apporté chez eux, quelles que fussent la nature et la valeur desdits objets. Aussi la loi a-t-elle laissé dans le domaine du juge ce qu'elle n'auroit pu en retirer sans les plus grands inconvéniens.

FIN.